그대를
사랑합니다

올해로 만화가 데뷔한지 10년이 되었네요.
9편의 장편만화를 그렸고 9번째의 책이 묶여 나왔습니다.
연재했던 만화가 책으로 묶여 나올때마다 뭔가를
더 보여줘야 한다는 강박이 생깁니다.
그래서 보통 저자의 말을 쓰게 됩니다.
저자의 말을 쓸때마다 난감합니다.

이미 만화로 할말은 다했는데 뭔말을 또 해야 하나.
제가 하고 싶은 말은 이 만화 안에 다 있습니다.

그래서 저자의 말을 이만 줄입니다.
그냥 하나만 오히려 묻습니다.
난 만화로 저자의 말을 다했으니 당신의 말을 듣고 싶습니다.

2011. 여름. 강풀

강풀 글·그림

재미주의

차례

1화 우유 8
2화 언덕길 52
3화 김만석 86
4화 동선 120
5화 걱정 146
6화 부부 176
7화 자명종 218
8화 노인들 252
9화 오늘은 뭐했어? 282
10화 새벽 320

01 우유

또 못 들었나…
여봐요!!
우, 우유하나 얼마요?
천원이면 되는가?
우유 하나 파소.

일 없어
이 할망탱아!
가져가!!
어차피
남으니까!!!

● 그대를 사랑합니다

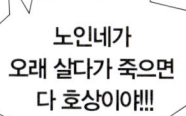

니미, 호상은……. 호상은 무슨…….

1998년 2월

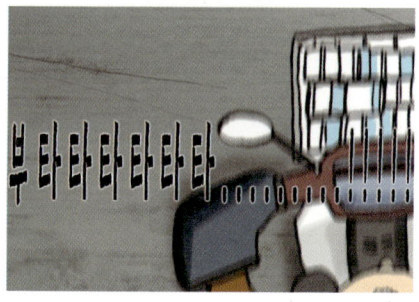

부타타타타타타타타......!!!

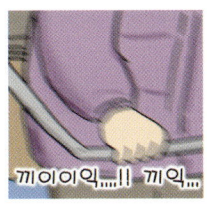

......?

......

......

노인네…….

● 그대를 사랑합니다

왜 저러지……?

내가 뭐 잘못 말했나……?

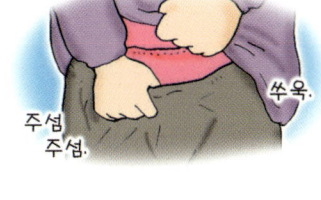

오도바이 소리 한번 참 요란하네…….

끼익....

       끼익....끼이익....

     끼이이익....

        끼익...끼익...

          끼이이이익....

            끼익...끼이이익...

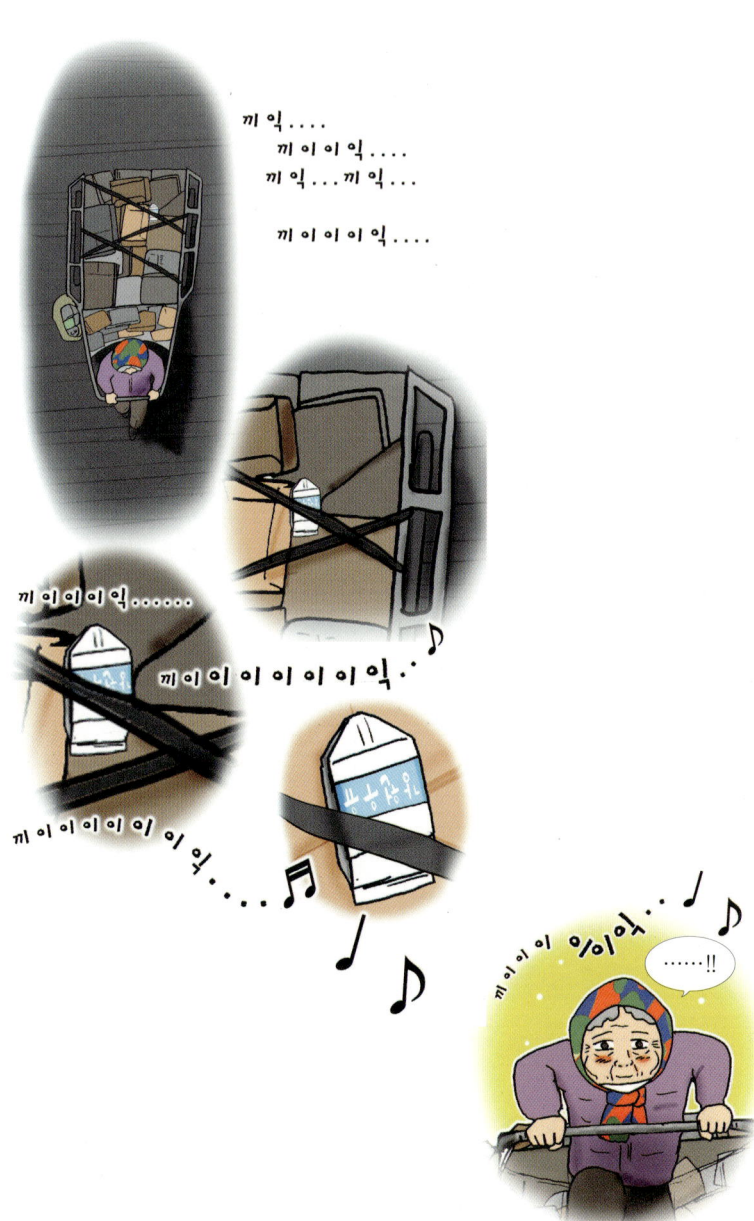

끼익....

끼이이익....

끼익... 끼이익..

끼익...끼익...

끼이이이익...

근데, 요즘 애들이 누가
맨발로 뛰어댕기나요?

하긴, 우리 어릴 때나 그랬지.

몇십 년 됐죠…….

뭐 어쨌건.

02 언덕길

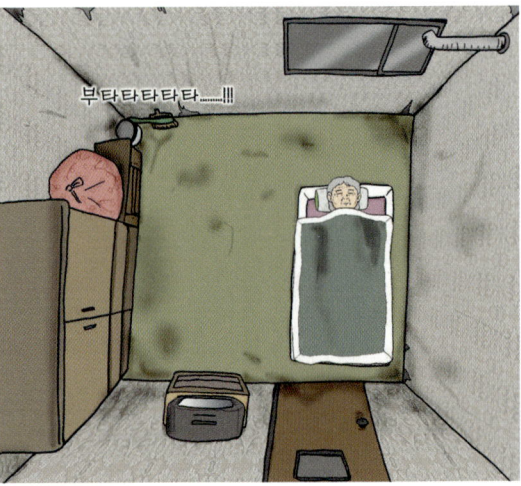

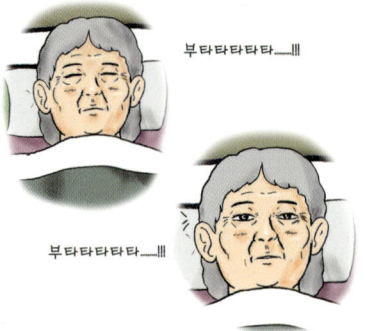

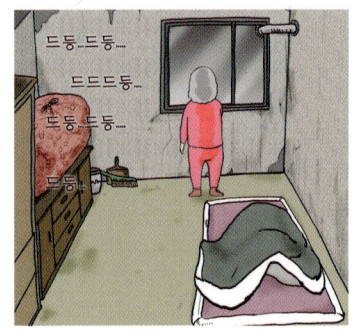

매일 또옥같은 시간…….

하루도 시간을
어기는 날이 없네…….

매일 새벽 깨워줘서 고맙수…….

드르르륵……

02 언덕길

아니, 이렇게 눈이 많이 오면
그냥 구들장에서 몸이나
지지지. 왜 나왔대?

……

입이 얼었어?
왜 대답을 안 해?

…오늘은
일 일찍 마쳤나
보네요.

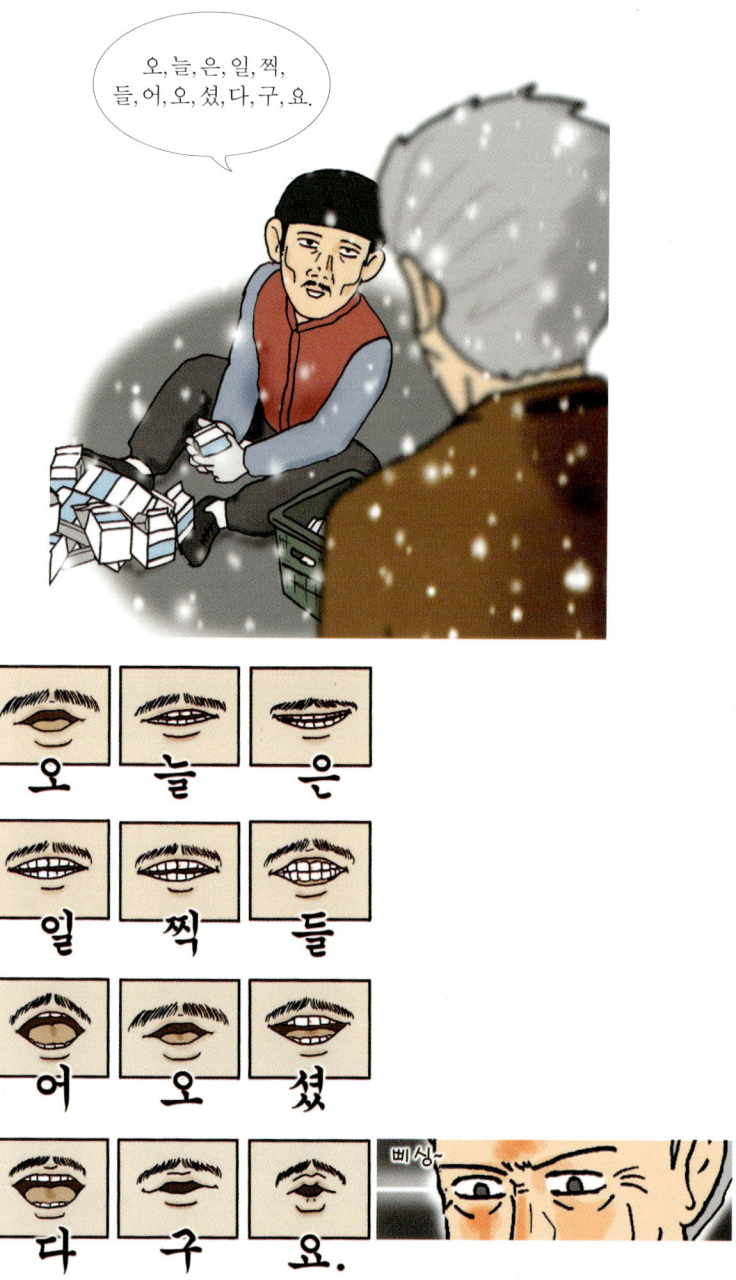

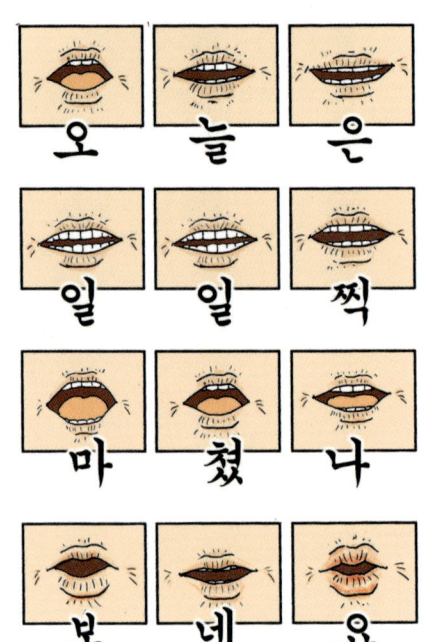

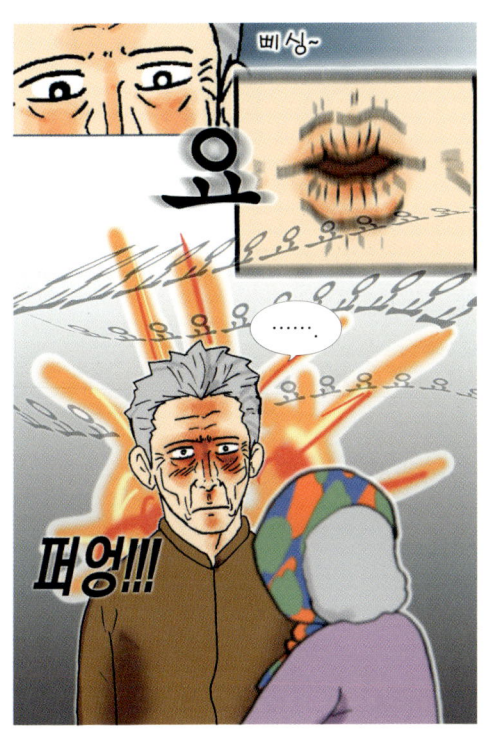

끼 익...   끼 이 이 익..

끼 익.....
　　　끼 이 익..

　　끼 익....   끼 이 이 익..

　　　　　　　　　　끼 익....

　　　　　　끼 이 익..

● 그대를 사랑합니다

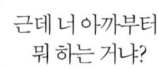

내가 마실 거예
요.

03 김만석

03 김만석

당신이 나한테
우유도 사다주고… 뜯어주고…
평생 무뚝뚝하던 양반이
옆에서 돌봐주고 챙겨주니까….

…….

호호…
당신이 잘해주니까
이런 건 또 좋네요.

낫기나 해.

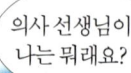

아내는 위암 말기였다.

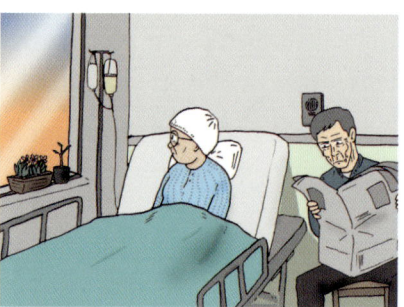

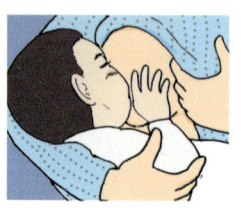

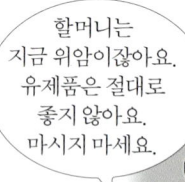

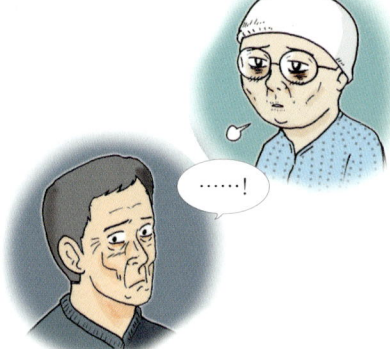

● 그대를 사랑합니다

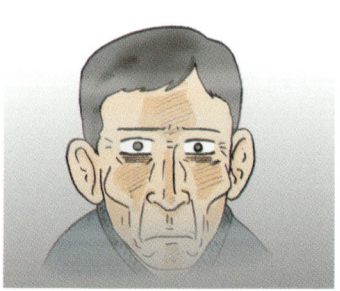

"여보, 나 우유가 먹고 싶어요."

"그래도…… 좋네요.
당신이 나한테 우유도 뜯어주고……."

뿌퉁!! 뿌투투투투!!!!!

부타타타타타타……!!!!!!

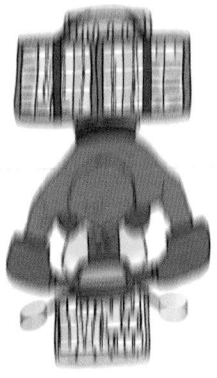

1993년. 김만석. 71세.

1998년. 김만석. 76세.

부타타타타타타타……!!

끼익…끼이익……!!

04 동선

네 시…….
오늘도 어김없네.

덕분에……
일어나야지…….

04 동선

그…

여기말이오….

날도 찬데…

이안에서
기다리시지요…?

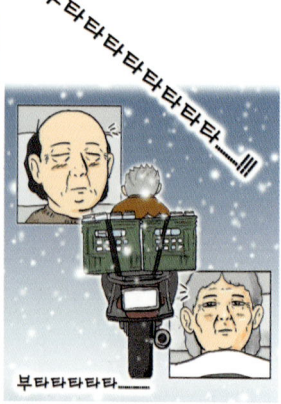

날씨를 말씀드리겠습니다.

어제에 이어 오늘도 많은 눈이 내릴 것으로 예상됩니다.

적설량은……

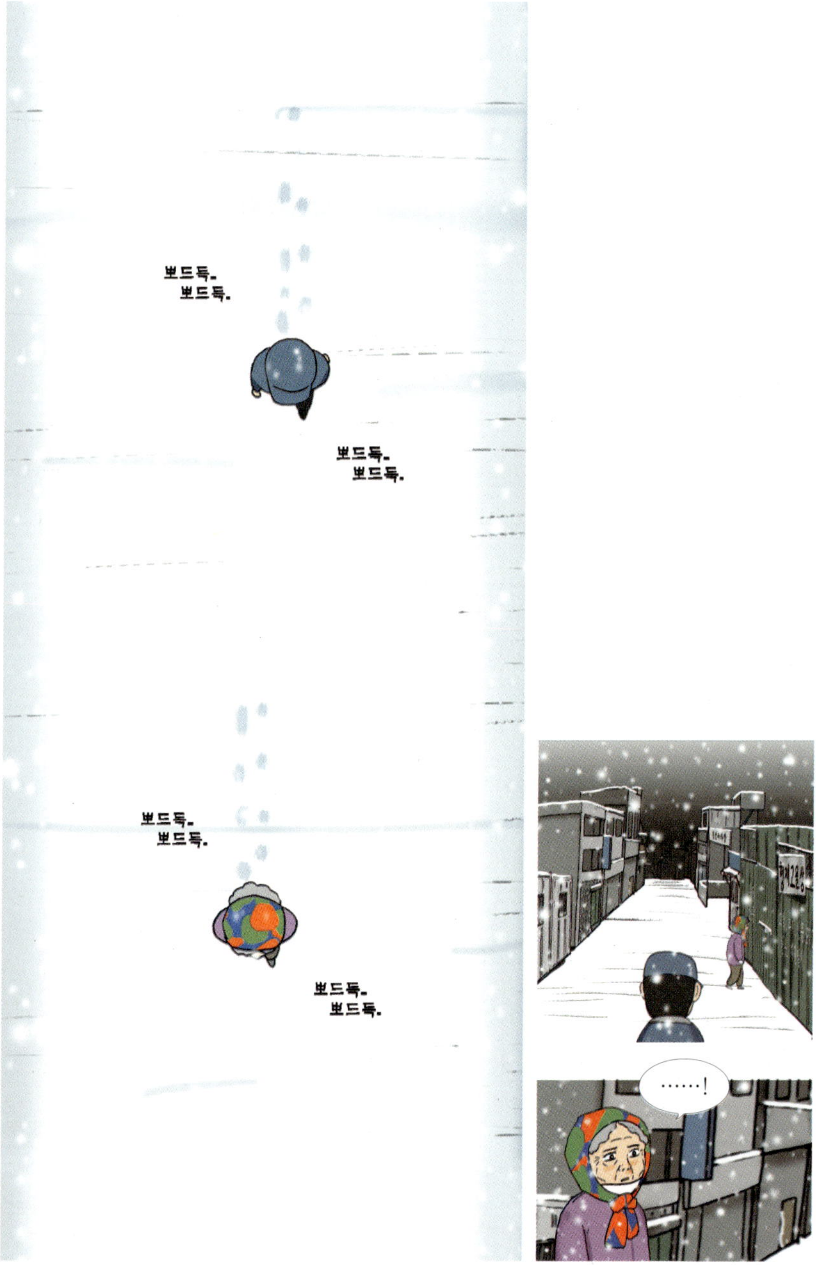

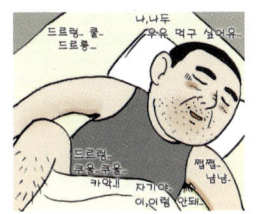

● 그대를 사랑합니다

05 걱정

05 걱정

오늘은 어째 거기서 한참 있어도
안 보이더라고.
고물상 문이 잠겨서 못 나온 거였구만…
것도 모르고….

…??

거기서…한참…?

아,아니
그건아니고!
아이구야!
아직 배달이 밀렸는데
야단났네!!

이,이우유나마셔!!

● 그대를 사랑하니라

젠장…….

어떻게 된 거야…….

혹시…….

어쩌면…….

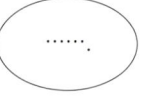

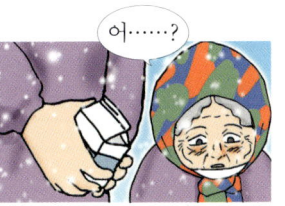

이렇게 우유가 얼 정도로 오랫동안…….

걱정해주었나…….

부타타타타타타……!!!!

 김만석. 76세. 우유 배달.

 송 씨. 77세. 파지 수거.

 장군봉. 79세. 주차 관리.

06 부부

어느새…….

●그대를 사랑합니다

쌓였던 눈이 다 녹아가는군…….

● 그대를 사랑합니다

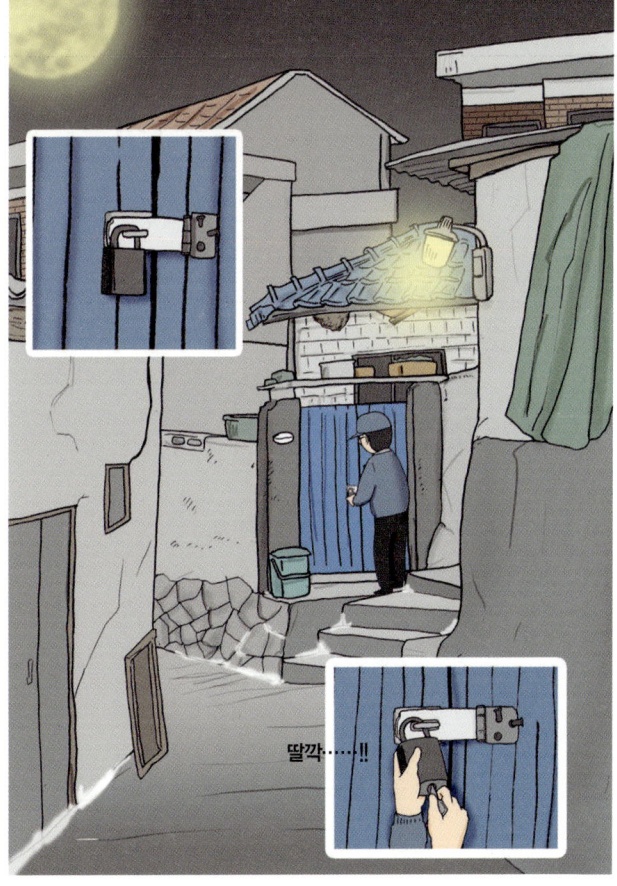

06 부부

당신 흰머리가
왜 이렇게 또 많이 났어??!!

일루와요! 내가 흰머리 뽑아줄게!!

아, 좀 내버려둬…
늙으면 머리 허애지는 건
당연한 거구만….

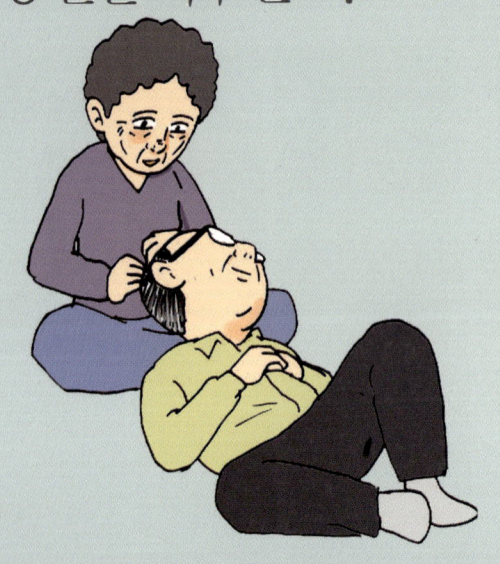

가만좀있어봐요!!
으이그~ 여기완전
서리가내렸네.

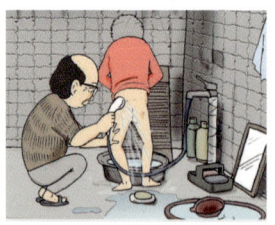

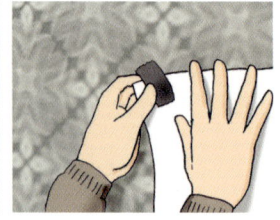

● 그대를 사랑합니다

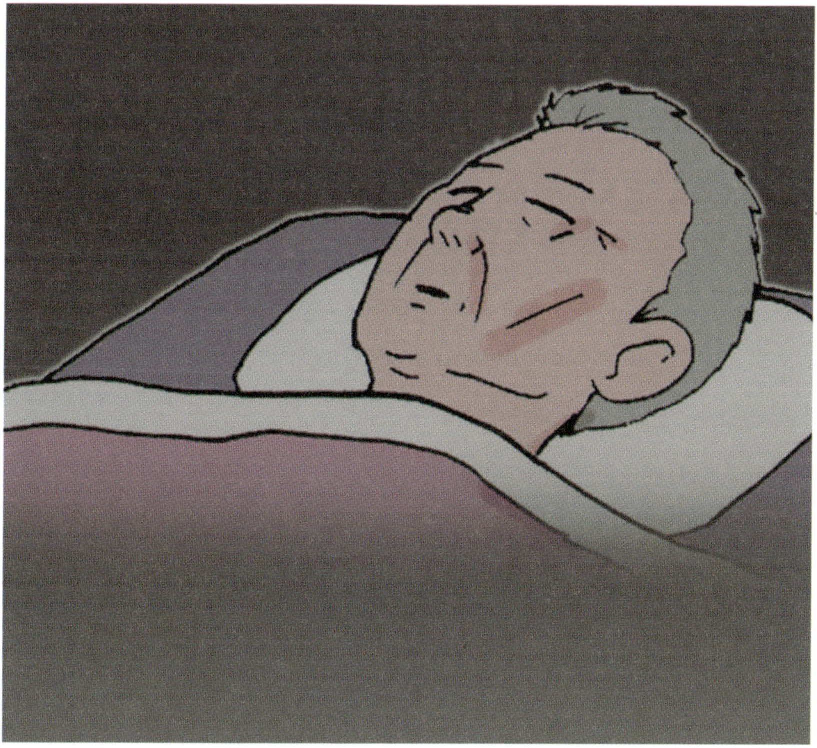

아내는 쾌활하고 말이 많은 사람이었다.

그 뭐냐… 나랑 친한 저기 윗집 아줌마 있잖아요. 글쎄 암이래요. 위암이라나 뭐라나……, 쯧쯧……. 그집 아들이 동네 동장 됐다고 좋아했던 게 엊그제 같은데… 내일쯤 한번 가보려구요. 그래도 별일 없겠죠? 요즘은 암도 잘 고치고 하니까. 에이, 설마~. 별일 없을 거야, 그쵸?

흰머리를 뽑아주겠다며 오늘도 날 잡아놓고 수다를 떠는군…….

당신도 빼먹지 말고 건강검진 받도록 해요. 우리 나이 되면 항상 조심해야죠. 맞다, 이 동네 재건축 들어선다는 이야기 들었어요? 만날 재건축한다고 소문만 많구. 아니, 멀쩡하게 잘 살고 있는데 뭘 그리 때려부수고 다시 짓는대? 이번에도 아마 뜬소문이겠죠?

아, 맞다, 그리구 오늘 낮에 예천 사는 시조카한테 전화가 왔는데 그 집 사위가 이번에 대기업에 입사를 하는 사람이라지 뭐예요? 아니, 대기업이면 단가? 얼마나 자랑하는지~.

근데 가만 듣다 보니까 우리 애랑 자꾸 비교하는 것 같아서 밸이 꼬이더라구요. 우리 사위가 요즘 사업이 많이 어렵다고 하던데 걱정이네요. 호호, 그래서 네 남편 바람기는 잠잠해졌냐 어쨌냐로 말꼬리를 돌려버리니까 그제서야 잠잠해지더라구.

어쩌면 흰 머리카락을
뽑아준다는 것은
핑계였을지도 모른다.

아내는 그렇게 나와 이야기하는 걸 좋아했다.

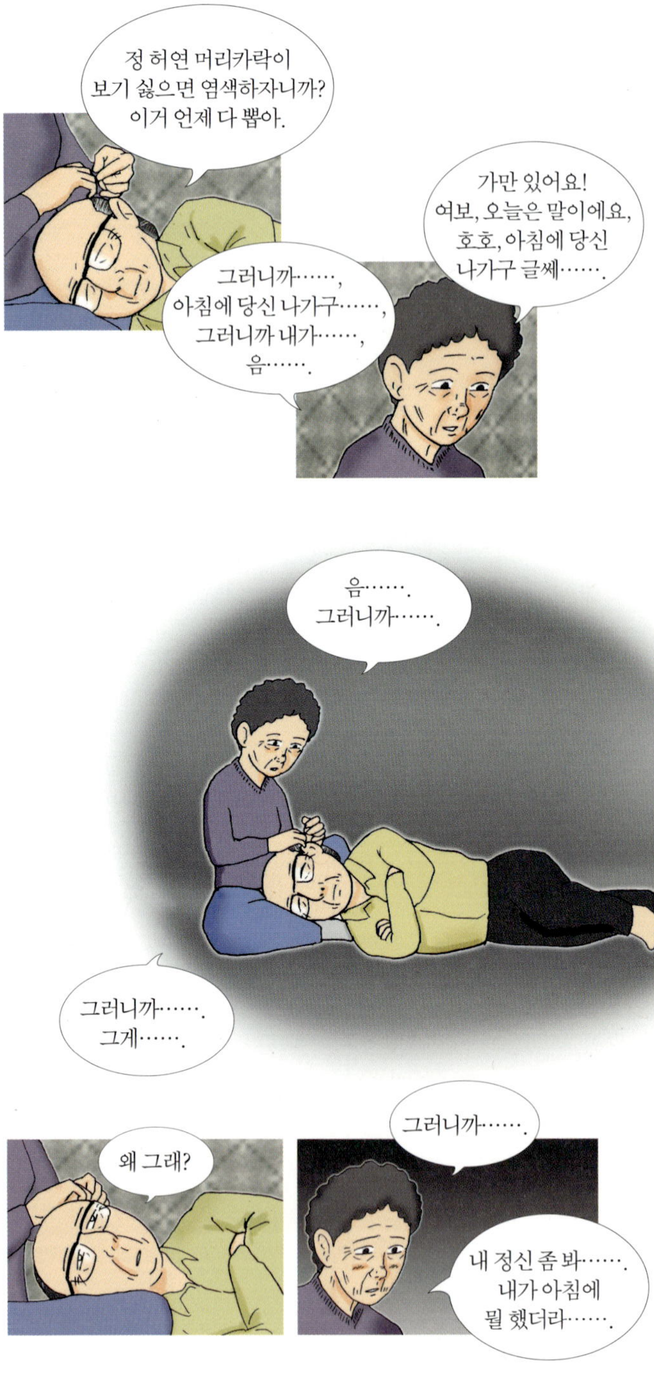

아내는 그날 이후부터 점점 말수가 줄어들었다.

허공을 바라보면 멍하게 앉아 있는 시간이 많아졌으며 뭔가 애써 기억을 해내려 혼자 중얼대기도 했다.

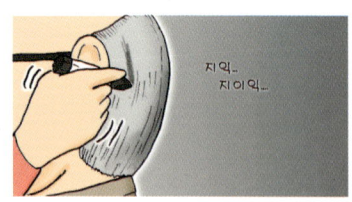

수다를 떨기 위한 것인 줄만 알았는데…….

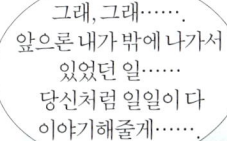

아마도……
다음 주부터 출근을
할 것 같은데…….

쓰윽.
쓰윽.

쓰윽.
쓰윽.

사장도 좀
깐깐해 보이고…….
다른 건 그렇다 치고……
새벽에 일어나는 게
문제야.

5시까지
가야 하는데…….

어떻게
일어날 수
있을는지…….

그렇게 세월이 흘렀다.

갔다 올게…….

호호, 여보, 있잖아요, 오늘 아침엔 말이죠…….

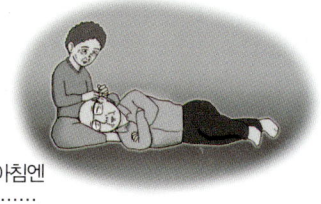

허허, 나도 오늘 아침엔 뭔 일이 있었냐면…….

07 자명종

● 그대를 사랑합니다

07 자명종

지두 그저께 여기 들어온
자명종 갖고 가서 믿고 잤다가
알람이 안 울려서 지각했다니까유?

괜찮아, 일주일에 한 번
일요일에만 쓰는데 뭐.
그 정도야 되겠지.

일요일만유~?

허허, 잘쓸게.

역시……
좀 늦었네…….

어구야……

탁탁탁!!!

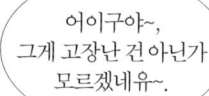

끼이익..
　　　끼익..

　　끼이익..
　　　　끼익..

　　　　　　끼이익..
　　　　　　　　끼익..

　　　　　　　끼익..
　　　　　　　　　끼이익..

● 그대를 사랑합니다

08 노인들

● 그대를 사랑합니다

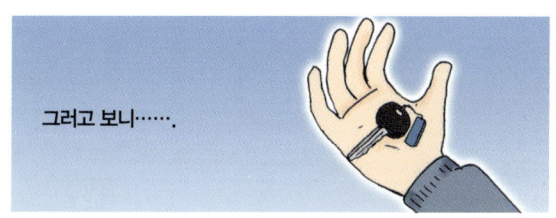

08 노인들

헤에~다아됐다아~

그걸 왜 먹어!드럽게!!

에…?

땅그지냐?땅그지야?
드럽게 그걸 왜 집어 먹어!!

어이구,
도둑이라도 들면…….

그게 아니라……
아내가…… 걱정돼서…….

그러니까…….

아니, 그냥……
아내만 잘있나 봐주시면…….

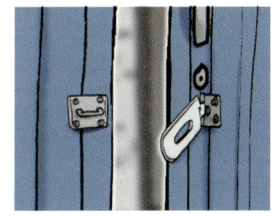

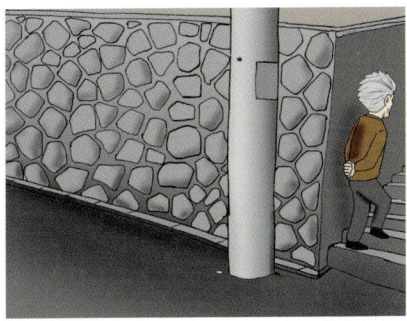

뭐 하는 거야……?
노인네 아냐……?

이 겨울에……
내복만 입고…… 흙장난을 해……?

춥지도 않나……?

쯧쯧…….
미쳤구만…….

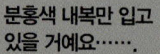

도대체 이 할멈 집이 어디야……!!

09 오늘 뭐 했어?

09 오늘 뭐 했어?

조용히해,
오토바이만갖고나올테니까.

헤에…?

아, 애들한테 걸리면
왠지 챙피하단 말야.
조용히 하고
가만히 있으라구!

으응….

부타타타타타타타타타………!!!

저렇게까지…….

자기 아내를 위해서
저렇게까지…….

왜…….

자꾸 눈물이 나지…….

● 그대를 사랑합니다

여보……!!

바짝 마른 몸에 멍…….

그리고……
변까지…….

내 아내도…….
그랬는데…….

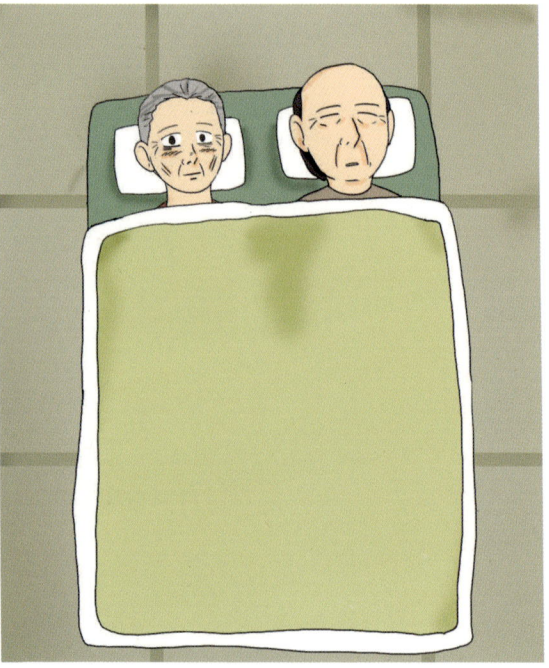

히야아······.

10 새벽

일어나라, 막 오토바이 지나갔어.

것 봐요, 시계 살 필요 없다니까?

오토바이 지금 막 지나갔으니
5시쯤 됐어… 이제 일어나야지.

도대체 누구야?
새벽마다 깨워주는
사람이…?

부릉 타타
타 타
타 타
타타 타

오토바이 소리가
오래 들렸네……
마음 써준 건가……

2권에서 계속 •

재미주의

강풀 순정만화 시즌 Ⅲ

그대를
사랑합니다 ①

초판 1쇄 발행 2012년 2월 15일
초판 26쇄 발행 2022년 8월 23일

글·그림 강풀

발행인 이재진 단행본사업본부장 신동해
디자인 DESIGN EVE, 여백 커뮤니케이션즈
마케팅 최혜진 이인국 홍보 최새롬 제작 정석훈

브랜드 재미주의
주소 경기도 파주시 회동길 20
문의전화 031-956-7356(편집) 031-956-7089(마케팅)
홈페이지 www.wjbooks.co.kr
페이스북 www.facebook.com/wjbook
포스트 post.naver.com/wj_booking

발행처 ㈜웅진씽크빅
출판신고 1980년 3월 29일 제 406-2007-000046호

ⓒ누룩미디어, 강풀 2012 (저작권자와 맺은 특약에 따라 검인을 생략합니다.)

ISBN 978-89-01-12747-7 17690
      978-89-01-12746-0 (세트)

재미주의는 ㈜웅진씽크빅의 단행본사업본부의 만화전문브랜드입니다.
이 책은 저작권법에 따라 보호받는 저작물이므로 무단 전재와 무단 복제를 금합니다.
이 책의 내용의 전부 또는 일부를 이용하려면 저작권자와
㈜웅진씽크빅의 서면동의를 받아야 합니다.

* 잘못된 책은 구입처에서 바꾸어드립니다.